# RENSEIGNEMENTS

RELATIFS AUX

# BREVETS D'INVENTION



PAR

Louis TAILFER

INGÉNIEUR DES ARTS ET MANUFACTURES

INGÉNIEUR-CONSEIL EN MATIÈRE DE PROPRIÉTÉ INDUSTRIELLE



**PRIX : 0 fr. 60.**

**En vente chez l'Auteur, 28, rue Saint-Georges, à Paris.**



LA CHAPELLE-MONTLIGEON

IMPRIMERIE DE NOTRE-DAME DE MONTLIGEON

1899

# INTRODUCTION

*Dans la première partie de son nouveau recueil mensuel, le* DROIT EN MATIÈRE DE PROPRIÉTÉ INDUSTRIELLE *en France et à l'Étranger, mon associé, Me Litzelmann, ancien avocat à la Cour d'appel, Avocat-Conseil en Matière de Propriété industrielle, publie une série de Tableaux comparatifs, notamment pour les Brevets d'Invention.*

*Avec ces tableaux où Me Litzelmann donne en toutes matières, et pour tous les pays, les textes mêmes des Législations, dans tout leur détail, les Inventeurs et tous intéressés pourront, à l'aide des indications locales ou collectives, se faire une idée exacte des particularités, comme de tout l'ensemble de leurs obligations et de leurs droits.*

*Pour ma part, j'ai voulu, dans une simple notice que j'intitule* RENSEIGNEMENTS RELATIFS AUX BREVETS D'INVENTION, *donner principalement aux Inventeurs quelques renseignements généraux, surtout d'ordre pratique dans les Pays mentionnés, que j'ai choisis parmi les principaux Pays industriels.*

*C'est un résumé qui a été fait déjà, mais qu'il était bon de refaire à cette date, en raison des progrès ou des modifications des législations.*

*Il aura les avantages avec les inconvénients des résumés, mais j'espère que tel que je les présente, il prendra son rang et rendra les services qu'il prétend, d'initier aux lois sur les brevets et de donner les notions premières qu'on a surtout besoin de connaître.*

*Pour le reste, on n'aura qu'à consulter les ouvrages spéciaux, les tableaux mêmes de Me Litzelmann, ou qu'à s'adresser à l'expérience des Agents de brevets que leur pratique journalière met naturellement au courant de l'état actuel de toutes les questions...*

# RENSEIGNEMENTS

RELATIFS AUX

# BREVETS D'INVENTION

---

## FRANCE

**Inventions brevetables.** — Seront considérées comme brevetables : l'invention de nouveaux produits industriels ; l'invention de nouveaux moyens ou l'application nouvelle de moyens connus pour l'obtention d'un résultat ou d'un produit industriel.

**Inventions non brevetables.** — Les compositions pharmaceutiques ou remèdes de toutes espèces (1). Les plans et combinaisons de crédit ou de finances.

**Certificats d'addition.** — Le breveté ou les ayants droit au brevet auront, pendant toute la durée du brevet, le droit d'apporter à l'invention des changements, perfectionnements ou additions. Ces changements, perfectionnements ou additions seront constatés par des certificats délivrés dans la même forme que le brevet principal et qui produiront, à partir des dates respectives des demandes et de leur expédition, les mêmes effets que ledit brevet principal avec lequel ils prendront fin.

**Pièces à fournir.** — 1. Mémoire descriptif en double expédition. — 2. Dessins en double expédition. Pas de format spécial. — 3. Une procuration signée par le demandeur. Pas de légalisations nécessaires.

**Durée. — Taxes.** — Les brevets sont accordés pour une durée de quinze ans (2), moyennant le paiement annuel d'une taxe de 100 francs, sous peine de déchéance si le breveté

(1) Les procédés ou appareils de fabrication de remèdes sont néanmoins brevetables.

(2) Comptés à partir de la date de dépôt du brevet.

laisse écouler un terme sans l'acquitter. Il n'est pas accordé de délai pour le paiement de cette taxe.

Chaque demande de certificat d'addition donne lieu au paiement d'une taxe unique de 20 francs.

Si des brevets étrangers ont été pris antérieurement au brevet français, la durée de ce dernier ne pourra excéder celle des brevets étrangers.

**Nouveauté.** — Ne sera pas réputée nouvelle toute découverte, invention ou application qui, en France ou à l'Étranger, et antérieurement à la date du dépôt de la demande, aura reçu une publicité suffisante pour pouvoir être exécutée.

**Examen.** — Les brevets dont la demande aura été régulièrement formée seront délivrés sans examen préalable aux risques et périls des demandeurs et sans garantie, soit de la réalité, de la nouveauté ou du mérite de l'Invention, soit de la fidélité ou de l'exactitude de la description.

La demande sera limitée à un seul objet principal, avec les objets de détail qui le constituent et les applications qui auront été indiquées.

**Exploitation.** — Sera déchu de ses droits : le breveté qui n'aura pas mis en exploitation sa découverte ou invention en France dans le délai de deux ans à dater du jour de la signature du brevet ou qui aura cessé de l'exploiter pendant deux années consécutives, à moins que dans l'un ou l'autre cas il ne justifie des causes de son inaction.

**Introduction d'objets brevetés.** — Sera déchu de ses droits le breveté qui aura introduit en France des objets fabriqués en pays étranger et semblables à ceux qui sont garantis par son brevet. Exception est faite pour les modèles de machine dont le ministre de l'Agriculture pourra autoriser l'introduction. Néanmoins, la France ayant adhéré à la Convention de 1883, l'article 5 de cette convention est applicable en France.

**Cessions.** — Tout breveté pourra céder la totalité ou partie de la propriété de son brevet. La cession totale ou partielle d'un brevet, soit à titre gratuit, soit à titre onéreux, ne pourra être faite que par acte notarié et après le paiement de la totalité des taxes dues pour la durée du brevet.

**Étendue de la protection.** — La protection du brevet français s'étend à la France et à ses colonies, mais non aux protectorats.

## BELGIQUE

**Inventions brevetables.** — Toute découverte ou tout perfectionnement susceptible d'être exploité comme objet d'industrie ou de commerce.

**Inventions non brevetables.** — Les inventions dont l'usage serait contraire aux lois, aux bonnes mœurs ou à l'ordre public.

**Nature des brevets.** — 1° Le brevet d'invention accordé à l'inventeur seul ou à ses ayants droit. — 2° Le brevet d'importation accordé au possesseur d'un brevet étranger. — 3° Le brevet de perfectionnement ou d'addition qui s'ajoute à un brevet belge en vigueur.

**Pièces à fournir.** — 1. Mémoire descriptif en double expédition. — 2. Dessins en double expédition sur toile à calquer. Pas de format spécial. — 3. Une procuration signée par le demandeur. Pas de légalisations nécessaires.

**Durée. — Taxes.** — La durée des brevets d'invention est de vingt ans. La durée des brevets d'importation est égale à la durée du brevet étranger antérieur, délivré pour le plus long terme, sans cependant que cette durée puisse dépasser vingt ans. Le certificat d'addition prend fin avec le brevet principal auquel il se rattache. Les taxes sont annuelles (1) et augmentent tous les ans de 10 francs. Pour le paiement, un délai d'un mois est toléré sans amende, puis de cinq mois avec amende. Les certificats d'addition ne sont pas soumis au paiement de taxes annuelles.

**Nouveauté.** — Un brevet sera déclaré nul : 1° Quand l'invention aura été mise en œuvre par un tiers en Belgique, dans un but commercial avant le dépôt du brevet ; 2° lorsqu'il sera prouvé que la spécification complète et les dessins ont été produits dans un ouvrage imprimé et

(1) Payables avant l'anniversaire du dépôt du brevet.

publié, à moins que, pour ce qui concerne les brevets d'importation, cette publication ne soit exclusivement le fait d'une prescription légale ; 3° quand l'invention aura été brevetée antérieurement à l'étranger, à moins que le brevet belge ne soit demandé à titre de brevet d'importation.

**Examen.** — Les brevets sont délivrés sans examen préalable aux risques et périls du demandeur.

**Exploitation.** — Elle doit être faite dans l'année de l'exploitation dans un autre pays étranger et ensuite ne doit pas être interrompue pendant plus de douze mois consécutifs.

La loi ne s'explique pas sur l'importation de l'Étranger en Belgique d'objets brevetés ; quelques commentateurs estiment que cette importation est contraire à l'esprit de la loi. Toutefois, les inventeurs bénéficient de l'article 5 de la convention de 1883.

**Cessions**. — Les pièces doivent être établies en triple expédition par-devant notaire et être légalisées par le consul de Belgique.

## ANGLETERRE

**Inventions brevetables.** — Tout art nouveau, nouvelle fabrication ou composition de matière, nouvelle combinaison de deux ou plusieurs choses produisant un résultat avantageux, tout nouveau procédé chimique ou autre ou perfectionnement dans les procédés ou fabrications existants.

**Nature des brevets.** — Le postulant peut à son choix déposer immédiatement une *Patente définitive* ou garantir temporairement son invention pendant neuf mois par une *Protection provisoire.*

Il n'existe pas de certificats d'addition.

La *Protection provisoire* permet à l'Inventeur d'apporter pendant neuf mois à son invention des perfectionnements qu'il fait figurer dans la *Patente définitive.*

**Pièces à fournir.** — 1. Un mémoire descriptif. — 2. Dessins sur papier bristol en double expédition. Les feuilles doivent avoir 330 millimètres de hauteur sur 230 ou 406 millimètres de largeur avec marge intérieure de 13 millimètres. — 3. Une autorisation signée par le demandeur. Pas de légalisations nécessaires.

**Durée. — Taxes.** — La durée totale d'une patente est de quatorze ans (1) et est indépendante de la durée de tout brevet pris antérieurement dans d'autres pays pour la même invention.

En dehors des frais de dépôt de la patente, il n'y a pas de taxes pour les quatre premières années de sa durée. A partir de l'expiration de la quatrième année, le patenté doit payer des taxes annuelles qui sont progressives et augmentent chaque année d'une livre anglaise. Pour le paiement de ces taxes, un délai d'un mois est accordé avec amende d'une livre, de deux mois avec amende de trois livres et de trois mois avec amende de cinq livres.

**Nouveauté.** — L'invention, pour être brevetable, doit être nouvelle. Par ce mot, on doit entendre que l'invention ne doit pas être connue du public dans le Royaume-Uni à la date du dépôt de la demande.

**Examen.** — L'examen porte sur la régularité des pièces, l'unité de l'invention, le rattachement étroit de la *Patente définitive* à la *Protection provisoire.*

**Exploitation.** — L'exploitation n'est pas imposée ; mais, dans certaines circonstances, le *Board of Trade* peut obliger le breveté à concéder des licences d'exploitation moyennant une juste redevance.

Le breveté peut introduire librement des objets fabriqués à l'Étranger.

**Cessions et licences.** — Les cessions et licences doivent être faites par écrit et restent sans effet vis-à-vis des tiers tant qu'elles n'ont pas été enregistrées au Bureau des Patentes.

**Étendue de la Protection.** — La patente anglaise couvre le Royaume-Uni et l'île de Man, mais ne s'étend pas aux colonies anglaises pour lesquelles il faut prendre des brevets spéciaux.

(1) Comptés à partir de la date de dépôt de la demande de la patente.

## ALLEMAGNE

**Inventions brevetables.** — Inventions nouvelles susceptibles d'une utilisation industrielle.

**Inventions non brevetables.** — Les inventions d'aliments, d'objets de consommation et de médicaments, ainsi que des matières qui sont obtenues par des moyens chimiques, en tant que ces inventions ne portent pas sur un procédé déterminé pour la production desdits objets.

**Certificats d'addition.** — En outre des brevets principaux, il est accordé des certificats d'addition pour des perfectionnements se rapportant étroitement à l'invention. La protection prend fin avec celle accordée au brevet principal.

En cas d'annulation du brevet principal, le certificat d'addition peut être transformé en brevet indépendant.

**Brevets d'utilité.** — Sont protégés comme modèles d'utilité (*Gebrauchmusters*) les modèles d'instruments de travail ou d'objets destinés à un usage pratique, ou de leurs parties, en tant que par une nouvelle configuration, une nouvelle disposition ou un nouveau mécanisme, ils doivent servir à un travail ou à un usage pratique.

La durée de protection est de trois ans. Le terme de protection est prolongé de trois autres années moyennant le paiement d'une nouvelle taxe.

**Pièces à fournir.** — 1. Un mémoire descriptif. — 2. Dessins en double expédition, une sur papier bristol, l'autre sur toile à calquer. Les feuilles doivent avoir 33 centimètres de hauteur sur 21, 42 ou 63 centimètres de largeur, avec marges intérieures de 2 centimètres ; entre la marge supérieure et les dessins, on doit laisser un espace libre de 3 centimètres. — 3. Une procuration en allemand signée par le demandeur. Pas de légalisations nécessaires.

**Durée. — Taxes.** — La durée du brevet est de quinze ans (1) et elle est indépendante de celle des brevets étrangers pris antérieurement. Le brevet d'addition ne dépasse pas la durée du brevet principal. Pour chaque brevet, en plus des frais de dépôt, il y a à payer avant la délivrance une

(1) Comptés à partir du dépôt du brevet.

taxe de 30 marks. Pour les années suivantes, la taxe, payable au début de l'année de la durée du brevet, est progressive et augmente de 50 marks chaque année.

La taxe doit être payée dans les six semaines qui suivent l'échéance. Un délai supplémentaire de six semaines est accordé moyennant une amende de 10 marks.

**Nouveauté.** — N'est pas réputée nouvelle l'invention qui, au moment du dépôt de la demande, a été décrite dans des imprimés rendus publics datant de moins d'un siècle, ou qui a déjà été utilisée dans le pays d'une manière assez publique pour que l'usage en paraisse par là possible pour des tiers experts en la matière.

**Examen.** — Toute demande de brevet est soumise à l'examen d'une Commission spéciale (*Patentamt*) chargée principalement de rechercher si l'invention est nouvelle. Les objections de cette Commission sont soumises au postulant qui y répond et en cas de non-entente peut faire appel.

Il résulte de cet examen que les inventeurs attachent une grande importance à l'obtention du brevet allemand qui constitue un titre sérieux en faveur de la brevetabilité de l'invention.

**Exploitation.** — Elle doit avoir lieu dans les trois ans comptés à partir de la délivrance. Le breveté est libre d'introduire des objets fabriqués à l'Étranger.

**Cessions.** — Pour l'enregistrement d'une cession, il faut produire les pièces suivantes : 1° Un acte de cession en allemand signé par le cédant et légalisé par le consul allemand ; 2° une procuration signée par le cessionnaire et légalisée par le consul d'Allemagne désignant un délégué pour déposer et obtenir l'enregistrement de l'acte de cession et payer les frais qui en résultent.

## AUTRICHE

**Inventions brevetables.** — Les nouvelles inventions permettant une application industrielle.

**Inventions non brevetables.** — Les inventions relatives à l'alimentation et la boisson des hommes ; aux médicaments et désinfectants ; aux matières obtenues par des procédés chimiques en tant que ces inventions ne se rapportent pas à un procédé technique déterminé pour la fabrication de ces matières.

**Nature des brevets.** — La loi accorde des brevets et des brevets d'addition. Un brevet d'addition peut néanmoins être maintenu distinctement comme brevet indépendant, si le brevet principal est déclaré nul. La durée du brevet d'addition est alors fixée d'après la date initiale du brevet principal.

**Pièces à fournir.** — 1. Un mémoire descriptif. — 2. Dessins en double expédition, une sur papier bristol, l'autre sur toile à calquer, le tout dans le format allemand. — 3. Une procuration en allemand signée par le demandeur ; pas de légalisations nécessaires.

**Durée. — Taxes.** — La durée du brevet est de quinze ans (1). Le brevet d'addition ne dépasse pas la durée du brevet principal. Les taxes doivent être payées annuellement avant la date de la publication ; peu élevées les premières années, elles vont en augmentant d'année en année. Pour le paiement, un délai de trois mois est accordé après l'échéance avec une amende de 5 florins. Les certificats d'addition ne paient pas de taxes annuelles à moins qu'ils ne soient transformés en brevets indépendants.

**Nouveauté.** — Une invention n'est pas considérée comme nouvelle si antérieurement à la date de la demande du brevet :

1° Elle a été décrite dans des imprimés publiés d'une manière telle que son application par les gens du métier paraisse possible après cette publication, ou

2° Si dans le pays même elle était notoirement en usage exposée ou présentée publiquement d'une telle manière que son application soit possible aux gens du métier.

Le gouvernement peut accorder la concession aux inventeurs d'après laquelle les descriptions des brevets officiellement publiées par les gouvernements étrangers seront considérées comme imprimés publiés dans le sens de la loi, non pas à partir du jour de leur publication, mais seulement après un certain délai n'excédant pas six mois.

(1) Comptés à partir de la date de la publication dans le *Journal des brevets*.

**Examen.** — La demande d'un brevet est soumise à un examen préalable qui porte en particulier sur la nouveauté de l'invention et, si elle ne satisfait pas aux conditions prescrites, les objections sont soumises au demandeur qui doit y répondre dans un délai déterminé.

**Exploitation.** — Un brevet peut être révoqué en tout ou en partie quand le propriétaire du brevet néglige d'exploiter l'invention dans le pays dans des limites appropriées. La révocation ne peut se produire avant trois années à compter de la publication du brevet.

L'importation d'objets protégés par le brevet est autorisée.

**Cessions.** — *Pièces nécessaires.* — 1. Un acte de cession en langue allemande signé par le cédant devant un officier ministériel et légalisé par le consul d'Autriche. — 2. Une procuration signée par le cessionnaire devant un officier ministériel et légalisée par le consul d'Autriche, déléguant un fondé de pouvoirs pour faire enregistrer la cession et payer les taxes afférentes.

## HONGRIE

**Inventions brevetables.** — (Même disposition qu'en Autriche.)

**Inventions non brevetables.** — (Même disposition qu'en Autriche.)

**Nature des brevets.** — (Comme en Autriche.)

**Pièces à fournir.** — (Comme en Autriche.) Le mémoire descriptif et la procuration doivent être en hongrois. La procuration doit être légalisée par le consul hongrois.

**Durée. — Taxes.** — Les brevets sont accordés pour une durée de 15 ans (1). Le brevet d'addition ne dépasse pas la durée du brevet principal. Les taxes doivent être payées annuellement avant la date de la publication, elles augmentent d'année en année. Pour le paiement un délai de 30 jours est accordé sans amende et un autre délai de 30 jours avec amende de 20 couronnes.

(1) Comptés à partir de la date du dépôt de la demande.

**Nouveauté**. — (Disposition analogue à celle de l'Autriche.)

**Examen.** — L'examen ne porte que sur la régularité des pièces et non sur la nouveauté de l'invention.

**Exploitation**. — Le breveté doit exploiter son invention en Hongrie de fait et dans une mesure convenable en faisant ce qui lui est possible pour satisfaire aux besoins du pays. La révocation du brevet pour défaut d'exploitation ne peut en général être prononcée qu'après expiration de trois ans depuis la publication de la délivrance du brevet.

**Cessions.** — (Mêmes pièces et mêmes formalités qu'en Autriche.)

## DANEMARK

**Inventions brevetables.** — Les inventions nouvelles utilisables dans l'industrie, ou pouvant donner lieu à une exploitation industrielle.

**Inventions non brevetables.** — 1° Les inventions contraires aux lois, à la morale, ou dépourvues d'utilité. 2° Les inventions portant sur des médicaments, des aliments ou boissons, de même que des inventions portant sur des procédés pour la fabrication d'aliments.

**Nature des brevets.** — La loi accorde des brevets d'invention et des brevets d'addition pour modifications à l'invention faisant l'objet du brevet principal. La loi accorde encore des brevets dépendants pour des modifications apportées à des inventions déjà brevetées, à la condition que les modifications soient elles-mêmes assez importantes pour pouvoir être considérées comme une invention. Défense au propriétaire du brevet dépendant d'exploiter l'invention principale.

**Pièces à fournir.** — 1. Un mémoire descriptif. — 2. Dessins en double expédition sur toile à calquer. Pas de format spécial. — 3. Une procuration en danois signée par le demandeur. Pas de légalisations nécessaires.

**Durée. — Taxes.** — Les brevets d'invention sont accordés pour une durée de 15 ans comptés à partir de la date de la délivrance ; les brevets d'addition expirent avec le brevet principal. Le brevet dépendant expire avec le brevet auquel il se rapporte.

Les brevets d'invention et les brevets dépendants sont soumis au paiement de taxes annuelles progressives et payables avant l'anniversaire de la délivrance. Les brevets d'addition ne payent pas de taxes annuelles. Un délai de trois mois est accordé pour le paiement avec amende de 1/5 du montant de la taxe.

**Nouveauté.** — Ne sont pas brevetables les inventions qui au moment de la demande de brevet sont déjà décrites dans un ouvrage imprimé et rendu public, ou ont déjà été utilisées assez publiquement en Danemark pour pouvoir être exécutées par un homme du métier.

**Examen.** — Les brevets sont examinés par une Commission dont le fonctionnement est analogue à celui du *Patentamt* allemand.

**Exploitation.** — L'invention doit être exploitée dans les trois ans de la délivrance du brevet. Cette limite peut être reculée par le Bureau des brevets, si le breveté donne des raisons valables qui lui rendent impossible ou trop difficile cette exploitation, ou même il peut en être tout à fait dispensé pourvu que les articles brevetés soient à la disposition du public.

**Cessions.** — *Documents à fournir.* — 1° Un acte de cession signé par le cédant. — 2° Une acceptation de la cession signée par le cessionnaire. Les pièces doivent être légalisées par le consul de Danemark.

## SUÈDE

**Inventions brevetables.** — Inventions nouvelles concernant des produits industriels ou des procédés spéciaux de fabrication.

**Inventions non brevetables.** — Les inventions relatives à des denrées alimentaires, ou à des médicaments. Néanmoins des brevets peuvent être accordés pour des procédés de fabrication.

**Nature des brevets.** — Il est accordé des brevets d'invention et des certificats d'addition.

**Pièces à fournir.** — 1. Un mémoire descriptif. — 2. Dessins en double expédition, l'une sur papier bristol, l'autre sur toile à calquer. Les feuilles doivent avoir 33 centimètres de hauteur sur 21, 42 ou 63 de largeur, avec marges intérieures de 2 centimètres. — 3. Procuration en suédois signée par le demandeur. Pas de légalisations.

**Durée. — Taxes.** — Les brevets sont accordés pour quinze ans. Les certificats d'addition prennent fin avec le brevet principal.

Les brevets (excepté les certificats d'addition) sont soumis au paiement de taxes payables annuellement par avance à compter de la date de dépôt du brevet. Les taxes vont en augmentant de la première à la deuxième et à la troisième période de cinq années.

Un délai de trois mois est accordé pour le paiement des taxes avec amende de 1/5 du montant de la taxe.

**Nouveauté.** — L'invention n'est pas réputée nouvelle si, avant le dépôt du brevet, l'invention a été suffisamment décrite dans un imprimé rendu public ou si l'exploitation en a été exercée d'une manière suffisamment patente de façon que l'exécution en soit possible par un homme du métier. Quand l'invention a figuré dans une Exposition internationale, le brevet peut valablement être déposé dans les six mois qui suivent l'exhibition de l'invention.

Au cas où l'invention est déjà protégée par un brevet étranger, un délai de six mois est accordé pour déposer valablement un brevet suédois, lors même que l'objet de l'invention aurait été publié dans l'intervalle.

**Examen.** — L'examen porte sur la régularité des pièces, la brevetabilité et la nouveauté de l'invention.

Les observations sont communiquées à l'inventeur qui y répond.

**Exploitation.** — L'invention doit être exploitée sous peine de déchéance du brevet, dans un délai de trois ans à partir de la délivrance du brevet. Sur demande justifiée, l'autorité compétente peut porter ce délai à quatre ans.

A partir de l'époque prescrite l'exploitation ne doit pas être interrompue pendant plus d'un an.

L'importation de machines ou articles brevetés en Suède est permise et même considérée comme satisfaisant à la condition d'exploitation. Quant aux procédés, ils doivent être mis en œuvre en Suède.

**Cessions.** — *Documents à fournir.* — 1. Un acte de cession signé par le cédant et légalisé par le consul de Suède. — 2. Une acceptation de la cession signée par le cessionnaire. Ces deux pièces peuvent être réunies en une seule.

## NORWÈGE

**Inventions brevetables.** — Inventions nouvelles pouvant être utilisées dans l'industrie.

**Inventions non brevetables.** — Articles de consommation de première nécessité ou de luxe ou médicaments.

**Nature des brevets.** — La loi accorde des brevets, des certificats d'addition et des brevets indépendants de perfectionnement.

**Pièces à fournir.** — 1. Un mémoire descriptif. — 2. Des dessins en double exemplaire. Un exemplaire sur papier bristol, l'autre sur toile à calquer. Les feuilles doivent avoir 33 centimètres de hauteur sur 21, 42 ou 63 centimètres de largeur, avec une ligne marginale à 2 centimètres du bord de la feuille. — 3. Une procuration en langue du pays signée par le demandant (nom et prénoms en toutes lettres).

**Durée. — Taxes.** — La durée des brevets et des brevets de perfectionnement indépendants est de quinze ans. Les certificats d'addition prennent fin avec le brevet principal.

Des taxes annuelles sont dues pour les brevets (à l'exception des certificats d'addition).

L'annuité doit être versée avant l'anniversaire du dépôt de la demande. Un délai de trois mois est accordé avec amende de 1/5 du montant de la taxe.

**Nouveauté.** — Une invention n'est pas réputée nouvelle quand, avant le dépôt de la demande, du brevet elle est déjà suffisamment connue pour pouvoir être exploitée par des personnes du métier.

La publication dans un mémoire imprimé ou l'exhibition à des expositions internationales ne constituera cependant un obstacle à la délivrance d'un brevet qu'après le terme de six mois.

**Examen.** — L'examen porte sur la régularité des pièces, la clarté de la description et l'unité de l'invention (un seul objet principal).

**Exploitation.** — Un brevet peut être frappé de déchéance par jugement, quand le propriétaire n'a pas exploité ou fait exploiter l'invention dans le pays, ni mis en vente l'objet breveté dans le terme de trois ans à courir de la date de la délivrance du brevet. La déchéance s'applique également au cas où, plus tard, l'exploitation ou la vente aurait été interrompue pendant une année. Cependant, si cette interruption a été due à des causes accidentelles, le dernier délai mentionné peut être prolongé par la Commission des brevets à la demande de l'intéressé. L'importation d'objets brevetés est autorisée.

**Cessions.** — Les documents doivent être en double exemplaire et rédigés conformément aux lois du pays où les intéressés sont domiciliés. Ils doivent être légalisés par le consul de Norwège et enregistrés au Bureau des brevets en Norwège.

## RUSSIE

**Inventions brevetables.** — Inventions et perfectionnements qui présentent un élément essentiellement nouveau soit dans leur ensemble, soit dans une ou plusieurs de leurs parties, soit encore dans la combinaison originale de leurs parties quand celles-ci sont déjà connues séparément.

**Inventions non brevetables.** — Découvertes scientifiques ou théories abstraites, inventions contraires à la morale. Produits chimiques, alimentaires et analogues ou médicaments composés, les procédés et appareils destinés à la fabrication de ces derniers.

**Nature des brevets.** — Il est délivré des brevets d'invention ou de perfectionnement et pendant la durée de ceux-ci des brevets d'addition qui prennent fin avec les brevets principaux auxquels ils se rapportent.

**Pièces à fournir.** — 1. Un mémoire descriptif. — 2. Des dessins en double exemplaire, un sur papier bristol, l'autre sur toile à calquer. Les feuilles doivent avoir 330 millimètres de hauteur sur 203, 406 ou 609 millimètres de largeur avec marge intérieure de 25 millimètres. — 3. Une procuration en langue russe légalisée par le consul de Russie.

**Durée et taxes.** — Le brevet est accordé pour quinze ans à partir de la date où le brevet a été signé. Le brevet délivré pour une invention déjà brevetée à l'Étranger antérieurement à la date du dépôt de la demande cessera d'être en vigueur à partir de la date où le brevet étranger viendra à prendre fin ; si l'invention a été brevetée dans plusieurs Etats, le premier brevet étranger expiré entraînera la déchéance du brevet russe.

Les taxes sont progressives d'année en année et payables annuellement avant l'anniversaire de la date de délivrance. Les brevets d'addition payent seulement une taxe de dépôt.

**Nouveauté.** — Il ne peut être délivré de brevet pour les inventions ou perfectionnements :

Qui, antérieurement à la date où la demande de brevet a été déposée, ont été brevetés en Russie ou y ont été appliqués sans brevet, ou qui ont été décrits dans la littérature d'une manière assez complète pour pouvoir être reproduits ;

Qui sont connus à l'Étranger sans brevet ou qui y sont brevetés au nom d'une personne autre que le réquérant, sauf le cas où l'invention aurait été cédée à ce dernier.

**Examen.** — L'examen porte sur la régularité des pièces et sur la nouveauté de l'invention en Russie. Les objections sont communiquées à l'inventeur qui présente ses explications et, en cas de non entente, peut faire appel.

**Exploitation.** — Le brevet doit être mis en exploitation sur le territoire russe dans les cinq années comptées à partir de la date de la signature du brevet et cette exploitation doit être constatée officiellement.

L'introduction d'appareils brevetés est autorisée et il est considéré comme suffisant à l'exploitation de faire constater officiellement le fonctionnement de ces appareils.

**Cessions.** — Documents en double expédition conformes aux lois du pays où est faite la cession et légalisés par le consul de Russie. On doit joindre une procuration légalisée par le consul de Russie pour l'accomplissement des formalités légales en Russie.

## SUISSE

**Inventions brevetables.** — Des brevets sont accordés aux auteurs d'inventions nouvelles applicables à l'industrie et représentées par des modèles.

**Inventions non brevetables.** — Les inventions non représentables par des modèles, à savoir, les produits chimiques, pharmaceutiques, alimentaires, ainsi que toutes les inventions concernant des procédés ou moyens de fabrication.

**Nature des brevets.** — Des brevets provisoires sont accordés pour une durée de trois ans à partir de la date du dépôt sans qu'il soit nécessaire de faire la preuve de l'existence du modèle. Un brevet définitif est seulement accordé sur la présentation au bureau fédéral de la machine ou du modèle pour lequel le brevet est demandé. Des certificats d'addition ne sont accordés que pour des brevets définitifs.

**Pièces à fournir.** — 1. Un mémoire descriptif en double expédition en français ou en allemand sur papier de 33 centimètres de hauteur sur 21 centimètres de largeur. — 2. Dessins en double expédition, une sur papier bristol, l'autre sur toile à calquer. Les feuilles doivent avoir 33 centimètres de hauteur sur 21, 42 ou 63 de largeur avec marge intérieure de 2 centimètres. — 3. Une procuration qu'il n'est pas nécessaire de faire légaliser.

**Preuve de l'existence de la machine ou du modèle.** — Pour l'obtention d'un brevet définitif ou la transformation d'un brevet provisoire en brevet définitif, il faut présenter au Bureau fédéral la machine ou le modèle qui fait l'objet de l'invention. Lorsque l'envoi des pièces elles-mêmes est trop coûteux, des photographies sont acceptées, mais il est nécessaire que ces photographies mettent en évidence les parties caractéristiques de l'invention.

*Disposition spéciale.* — Les articles brevetés mis dans le commerce en Suisse doivent porter la Croix fédérale et le numéro du brevet.

**Durée. — Taxe.** — La durée des brevets est de 15 années à partir de la date de la demande. Les certificats d'addition prennent fin avec le brevet principal.

Les taxes sont annuelles, progressives et payables par avance, au plus tard le premier jour de chacune des années du brevet. Un délai de trois mois est accordé sans amende pour le paiement de ces taxes.

Les certificats d'addition ne paient pas de taxes annuelles.

**Nouveauté.** — Ne seront pas considérées comme nouvelles les inventions qui au moment de la demande du brevet seront suffisamment connues en Suisse pour être exécutées par un homme du métier.

**Examen.** — Il n'y a pas examen quant à la nouveauté. L'examen porte seulement sur la régularité des pièces et si l'invention rentre dans la catégorie des inventions brevetables.

**Exploitation.** — Le brevet tombe en déchéance si l'invention n'a reçu aucune application à l'expiration de la troisième année depuis la date de la demande.

L'interprétation de cette clause n'est pas bien définie mais il est probable que l'exploitation en Suisse doit être faite comme en Allemagne.

**Cessions.** — Les pièces doivent être en double expédition et légalisées par le consul suisse.

## ITALIE

**Inventions brevetables.** — Une invention ou découverte nouvelle ayant pour objet :

1° Un produit ou un résultat industriel ;

2° Un instrument, une machine, un engin, un mécanisme ou une disposition mécanique quelconque ;

3° Un procédé ou une méthode de production industrielle;

4° Un moteur ou l'application industrielle d'une force déjà connue;

5° L'application technique d'un principe scientifique pourvu qu'elle donne des résultats industriels immédiats.

**Inventions non brevetables.** — Inventions contraires à la morale ou aux lois. Inventions théoriques sans résultats industriels... Inventions relatives à des médicaments.

**Nature des brevets.** — La loi accorde des brevets et des certificats d'addition ou de perfectionnement; des brevets d'importation pour inventions déjà brevetées à l'Étranger.

**Pièces à fournir.** — 1. Un mémoire descriptif en triple expédition sur papier timbré italien, rédigé en français ou en italien. — 2. Dessins en triple expédition, une sur papier bristol, deux sur toile à calquer. Les feuilles doivent avoir 15 centimètres de hauteur sur 20 centimètres de largeur ou 20 centimètres de hauteur sur 30 centimètres de largeur ou 30 centimètres de hauteur sur 40 centimètres de largeur avec marges extérieures de 5 centimètres. — 3. Une procuration légalisée par le consul d'Italie.

**Durée. — Taxes.** — La durée d'un brevet ne peut être de plus de quinze ans et de moins d'un an. En faisant la demande d'un brevet, on doit indiquer le temps pour lequel il est demandé, mais ensuite on peut demander des prolongations.

Les brevets d'addition expirent avec le brevet principal.

La durée d'un brevet pour une invention déjà brevetée à l'Etranger n'excédera pas la durée du brevet étranger concédé pour le terme le plus long.

Les taxes sont de deux espèces : 1° taxe de durée proportionnelle au temps pour lequel le brevet est demandé; 2° taxes annuelles payables avant l'anniversaire de l'échéance (1). Pour le paiement, un délai de trois mois est accordé sans amende.

(1) Cette échéance a lieu le dernier jour du trimestre dans lequel le brevet a été demandé.

Les certificats d'addition payent seulement une taxe de dépôt et pas de taxes annuelles.

**Nouveauté.** — Une invention est considérée comme nouvelle quand elle n'a jamais été connue auparavant ou encore quand, tout en ayant quelque connaissance, on ignorait les particularités nécessaires à son exécution.

Une invention brevetée à l'Étranger confère le droit au brevet italien pourvu qu'il soit demandé avant l'expiration du brevet étranger et avant que d'autres aient importé et mis en œuvre la dite invention dans le royaume.

**Examen.** — Il porte sur la régularité des pièces et sur l'unité de l'invention (un seul objet principal).

**Exploitation.** — Quand le brevet est accordé pour cinq ans, l'exploitation doit être faite dans l'année de la concession du brevet et ne doit pas être suspendue pendant une année continue. Dans le cas où la durée du brevet est de plus de cinq ans, l'exploitation doit être faite dans les deux ans de la concession du brevet et ne doit pas être interrompue pendant plus de deux ans.

Dans ces deux cas, l'annulation n'aura pas lieu si l'inaction a été l'effet de causes indépendantes de la volonté du possesseur du brevet.

L'importation de l'étranger d'objets brevetés n'est pas prohibée.

**Cessions.** — *Pièces nécessaires.* — Un acte de cession en italien ou en français, signé par le cédant et le cessionnaire, et légalisé par le consul italien, autorisant l'enregistrement de la cession et le paiement des taxes requises.

## ESPAGNE

**Inventions brevetables.** — 1° Les machines, appareils, instruments, procédés ou opérations mécaniques ou chimiques qui en tout ou en partie sont d'invention originale ou nouveaux, ou qui, s'ils ne remplissent pas ces conditions, ne sont pas établis ou exploités de la même manière et sous la même forme dans les domaines espagnols ; 2° les produits ou résultats industriels nouveaux obtenus par des moyens nouveaux ou connus, toutes les fois que leur exploitation aura pour résultat d'établir une nouvelle branche d'industrie dans le pays.

**Inventions non brevetables.** — 1. Les produits ou résultats qui ne rentrent pas dans le secondo de l'article précédent. — 2. L'emploi des produits naturels. — 3. Les découvertes théoriques. — 4. Les préparations pharmaceutiques. — 5. Les combinaisons de crédit ou de finance.

**Nature des brevets. — Durée.** — La loi accorde : 1° des brevets de vingt ans, sans prorogation possible, pour des dépôts d'invention originale et nouveaux ; 2° des brevets de cinq ans sans prorogation pour ce qui n'est pas invention originale, ou qui, l'étant, n'est pas nouveau ; 3° des brevets de dix ans pour inventions originales brevetées à l'étranger, pourvu que le brevet espagnol soit demandé dans les deux ans de l'obtention du premier brevet étranger. Les certificats d'addition expirent avec le brevet auquel ils se rattachent.

**Pièces à fournir.** — 1. Mémoire descriptif. — 2. Dessins en double expédition sur toile à calquer ; pas de format spécial. — 3. Une procuration en espagnol signée avec le nom et les prénoms en toutes lettres. Pas de légalisations nécessaires.

**Taxes.** — Tous les brevets, excepté les certificats d'addition, sont soumis au paiement de taxes annuelles progressives payables par avance avant la date de la délivrance du brevet. Aucun délai n'est accordé pour le paiement des taxes.

**Nouveauté.** — Est considéré comme nouveau ce qui n'est pas connu et n'est pas établi et exploité dans les domaines espagnols ni à l'étranger.

Néanmoins des inventions déjà brevetées à l'étranger peuvent, sous certaines conditions, être brevetées en Espagne à titre de brevets d'importation. Des brevets de cinq ans peuvent aussi être accordées pour des inventions déjà connues à l'étranger, mais inconnues en Espagne.

**Examen.** — Porte seulement sur la régularité des pièces.

**Exploitation.** — L'exploitation doit être faite dans les

deux ans qui suivent la date de la délivrance du brevet et ensuite elle ne doit pas être interrompue plus d'un an et un jour. Les perfectionnements faisant l'objet de certificats d'addition doivent aussi être exploités. Les exploitations doivent être constatées par le directeur du Conservatoire des Arts. L'importation de l'étranger d'articles brevetés n'est pas prohibée, mais elle ne dispense pas de l'exploitation.

**Cessions.** — La loi exige que les cessions soient faites devant notaire avec légalisation des signatures par le consul espagnol et que la cession soit enregistrée au Bureau des brevets.

**Étendue de la protection.** — Elle s'étend aux colonies espagnoles.

## PORTUGAL

**Brevetabilité.** — Peuvent constituer des titres de brevet : 1° Le brevet d'invention par lequel on garantit la propriété de son invention ou de sa découverte à celui qui a inventé un objet industriel ou un produit matériel commerçable, qui a perfectionné ou amélioré un produit connu de même nature ou qui a découvert un moyen plus facile et moins coûteux d'obtenir ce produit;

2° Le brevet pour introduction de nouvelles industries, par lequel on concède pour quelques années le droit exclusif de fabriquer des produits que l'industrie du pays ne fabriquait pas.

**Inventions non brevetables.** — Dans les industries chimiques, il n'est accordé de brevet que pour les procédés servant à obtenir les produits et non pour les produits eux-mêmes. Dans l'industrie de la pharmacie, il n'est accordé de brevets que pour les procédés et non pour les préparations et les remèdes.

**Nature des brevets.** — La loi accorde des brevets d'invention et des certificats d'addition.

**Pièces à fournir.** — 1. Mémoire descriptif en double expédition en portugais ou en français. — 2. Dessins en double expédition de préférence sur toile à calquer ; pas de format spécial. — 3. Une procuration en portugais légalisée par le consul de Portugal.

**Durée et taxes.** — Les brevets sont accordés pour une durée variant de un an à quinze ans, et la taxe est payée immédiatement pour le nombre d'années pour lequel le brevet est demandé. La durée d'un brevet peut être prolongée, pourvu toutefois que la durée totale du brevet ne dépasse pas quinze ans. Pour ne pas avoir à répéter trop souvent les formalités de prolongation, il est d'usage de demander les brevets pour une durée de cinq, dix ou quinze ans.

Les certificats d'addition prennent fin avec le brevet auquel ils se rapportent.

Dans le cas de brevet étranger antérieur, le brevet portugais expire à l'expiration du brevet étranger.

**Nouveauté.** — Une invention est brevetable quoiqu'elle ait déjà été brevetée ou en usage public dans un autre pays, mais le dépôt du brevet doit être fait en Portugal avant que l'invention n'y soit connue du public pratiquement ou théoriquement par une description technique publiée par des documents indigènes ou étrangers, ou de toute autre manière.

**Examen.** — La demande de brevet sera refusée : 1° si elle n'est pas accompagnée des documents et sommes réglementaires ; 2° si l'invention se rapporte à des produits chimiques ou pharmaceutiques et non aux procédés de fabrication ; 3° si la description est confuse et conçue en termes ambigus.

**Exploitation.** — L'invention doit être exploitée dans les deux ans qui suivent la délivrance du brevet, et doit être constatée officiellement. Dans la suite, l'exploitation ne doit pas être interrompue pendant plus de deux ans. Dans le cas d'appareils ou de machines, l'importation et la mise en vente desdits objets est considérée comme une exploitation suffisante.

**Cessions.** — Les cessions doivent être faites par-devant notaire portugais et enregistrées au Bureau des Brevets portugais.

**Étendue de la protection.** — Elle s'étend au Portugal et aux îles Açores et Madère; des brevets séparés doivent être pris dans les autres colonies portugaises.

## ÉTATS-UNIS D'AMÉRIQUE

Le brevet est accordé seulement sur la demande de l'inventeur original, mais il peut être délivré à ses ayants droit, c'est-à-dire que l'inventeur original doit signer les pièces, mais le brevet peut être accordé à ses délégués auxquels il fait cession de son brevet.

**Inventions brevetables.** — Les industries, machines, fabrications ou compositions de moyens nouveaux et utiles et les perfectionnements quelconques de ces choses.

**Inventions non brevetables.** — Les inventions sans importance, frivoles, contraires à la santé publique ou aux bonnes mœurs.

**Nature des brevets.** — La loi accorde des brevets, mais pas de certificats d'addition. Les citoyens américains ont seuls le droit de déposer un *caveat*, c'est-à-dire une description sommaire de l'invention, laquelle est tenue secrète pendant un an et assure la priorité en attendant le dépôt de la spécification définitive.

**Pièces à fournir.** — Les pièces à fournir sont : 1. Un mémoire descriptif en anglais auquel est jointe une formule de serment (*affidavit*). L'inventeur doit faire devant un consul américain une déclaration sous serment indiquant la nation à laquelle il appartient et certifiant qu'il croit être le véritable inventeur de l'objet en question. Les pièces à l'appui de la demande du brevet sont signées par l'inventeur et certifiées devant deux témoins par le consul américain. Les brevets pris antérieurement dans d'autres pays doivent être indiqués. Ces pièces sont scellées par le consul américain. — 2. Un exemplaire des dessins sur bristol non plié mesurant 253 millimètres sur 382 millimètres avec marge intérieure de 25 millimètres tout autour.

**Durée et taxe.** — Le brevet est accordé pour la durée de dix-sept ans courant du jour de la délivrance, c'est-à-dire de la date de l'expédition même du brevet au demandeur, et cette durée n'est nullement restreinte par la date d'un brevet antérieur pour la même invention à l'étranger. (*Acte du 3 mars 1897.*)

Une première taxe est payable en déposant le brevet et une deuxième taxe à la délivrance. Il n'y a pas d'autres taxes à payer pendant toute la durée du brevet.

**Nouveauté.** — L'invention ne doit pas avoir été dans l'usage public ou dans le commerce aux États-Unis plus de deux ans avant le dépôt de la demande de brevet.

*Acte du 3 mars 1897.* — Les demandes de brevet doivent être présentées dans les États-Unis avant l'expiration d'un délai de sept mois courant de la date de la première demande de brevet pour la même invention à l'étranger.

**Examen.** — La demande est soumise à un examen très rigoureux en ce qui concerne la nouveauté de l'invention et, en général, on est obligé de déposer plusieurs séries de revendications avant que la demande soit définitivement acceptée. Ce n'est, toutefois, que rarement qu'un brevet est définitivement rejeté. La rédaction des revendications doit être faite dans une forme tout à fait spéciale et, pour cela, il faut avoir une grande habitude des usages du Patent-Office de Washington.

*Acte du 3 mars 1897.* — La demande de brevet d'invention sera considérée comme abandonnée dans le cas où le demandeur omet de poursuivre les mesures de la législation pendant une année.

**Exploitation.** — Le patenté n'est pas obligé d'exploiter son invention. Il peut introduire les appareils ou produits fabriqués à l'étranger.

**Cessions.** — Les actes de cession peuvent être faits sous seing privé. Ils doivent être légalisés par le consul des États-Unis et enregistrés au Patent-Office dans les trois mois de leur date ; quand l'inventeur désire que le brevet soit délivré au nom d'un tiers, il en fait cession devant le consul des .tats-Unis en même temps que sa demande de brevet.

## RÉPUBLIQUE ARGENTINE

**Inventions brevetables.** — Les inventions industrielles nouvelles, à l'exception des compositions pharmaceutiques, des inventions théoriques ou purement scientifiques, plans financiers, inventions contraires à la morale ou aux lois.

**Nature des brevets et durée.** — 1° Brevets provisoires accordés pour un an et prolongeables d'année en année; 2° Brevet de cinq, dix ou quinze ans.

Un brevet de quinze ans est seulement accordé pour une invention qui, à la date du dépôt de la demande dans la République Argentine, n'a pas encore fait l'objet d'un brevet étranger. Cette déclaration doit être faite sous serment par le demandeur.

Quand un brevet étranger a été obtenu antérieurement, la durée du brevet argentin est limitée à la durée du brevet étranger et en tout cas ne peut excéder dix ans.

La durée des certificats d'addition est limitée à celle du brevet primitif. Toutefois et dans certaines conditions, le commissaire des brevets peut modifier cette durée.

**Pièces à fournir.** — 1. Un mémoire descriptif. — 2. Dessins en double expédition sur toile à calquer, sans format spécial. Les dessins doivent être faits à une échelle métrique et à l'encre noire. — 3. Une procuration légalisée par le consul de la République Argentine. — 4. S'il n'y a pas de brevet antérieur étranger, une déclaration de ce fait légalisée par le consul de la République Argentine. S'il y a brevet étranger antérieur, une copie légalisée de ce brevet; de préférence, on choisira le brevet espagnol.

**Taxes.** — La taxe de dépôt est variable suivant la durée du brevet demandé; il n'y a pas de taxes annuelles à payer après la délivrance du brevet.

**Nouveauté.** — Pour être considérée comme nouvelle, l'invention ne doit pas, avant le dépôt de la demande de brevet, avoir été publiée par des livres, journaux ou prospectus, soit dans la République-Argentine, soit à l'étranger, de façon qu'elle ne puisse être mise en pratique. En dehors de cela, une invention brevetée à l'étranger peut faire l'objet d'une demande de brevet valide dans la République Argentine pendant tout le temps de la durée du brevet étranger.

**Exploitation.** — L'exploitation doit être faite dans les deux ans à partir de la délivrance du brevet et ne doit pas être interrompue ensuite pendant plus de deux années consécutives. Dans le cas où l'exploitation est différée au-delà de ces limites par force majeure, on doit le faire constater officiellement.

**Cessions.** — Pièces à fournir. — 1. Le titre officiel du brevet. — 2. Un acte de cession en espagnol signé par le cédant et légalisé par le consul de la République Argentine.

## BRÉSIL

**Inventions brevetables.** — Les inventions industrielles nouvelles à l'exception de celles contraires à la morale ou aux lois.

**Nature et durée des brevets. — Taxes. — Effets des brevets étrangers.** — La durée des brevets est de 15 ans; ils sont soumis à des taxes annuelles payables par avance avant la date de la délivrance du brevet. Aucune prolongation n'est accordée pour le paiement de ces taxes.

Le brevet brésilien expire avec les brevets étrangers pris antérieurement pour une même invention.

Les Certificats d'addition expirent avec le brevet primitif. Ils paient une taxe de dépôt et pas de taxes annuelles. Pour les perfectionnements, la priorité est acquise à l'inventeur pendant un an.

**Pièces à fournir.** — 1. Un mémoire descriptif. — 2. Des dessins en double expédition sur papier bristol de 33 centimètres de hauteur sur 21, 42 ou 63 centimètres de largeur avec marge de 2 centimètres. Les dessins doivent être faits à une échelle métrique. Pour un certificat d'addition les dessins indiqueront en lignes pointillées les modifications apportées à l'invention du brevet primitif. — 3. Procuration légalisée par le Conseil du Brésil.

Pour les Certificats d'addition, il faut envoyer le titre officiel du brevet primitif.

**Nouveauté.** — Pour obtenir un brevet valide à la date du dépôt de la demande, l'invention ne doit pas être connue par publications ou par l'usage public dans aucun pays.

Au cas de brevets étrangers antérieurs, le brevet doit être demandé au Brésil dans les sept mois de la date de la délivrance du brevet étranger.

**Exploitation.** — Elle doit être faite dans les trois ans qui suivent la délivrance du brevet et ensuite elle ne doit pas être interrompue pendant plus d'un an.

L'exploitation doit être constatée officiellement avant la fin de la troisième année de la délivrance du brevet. On regarde comme suffisants à l'exploitation les efforts faits pour mettre l'invention dans le commerce et ensuite la satisfaction donnée aux demandes. L'importation d'articles brevetés est autorisée.

**Cessions.** — *Pièces à fournir.* — 1° Le titre officiel du brevet. 2° Un contrat de vente dans la langue du pays où il est passé et légalisé par le consul brésilien. 3° Une procuration légalisée par le consul brésilien pour effectuer l'enregistrement de la cession au Brésil.

## JAPON

Le Japon est le pays d'Asie qui, dans ces derniers temps, s'est le plus mis en communication avec l'Europe. En ce qui concerne les brevets, il y a eu les traités Belgique-Japon, 22 juin 1896; Danemark-Japon, 19 octobre 1895; États-Unis-Japon, 22 novembre 1894; Grande-Bretagne-Japon, 16 septembre 1894; Pays-Bas-Japon, 8 septembre 1896; Suisse-Japon, 10 novembre 1896; Allemagne-Japon, 4 avril 1896; France-Japon, 4 août 1896. Les Français peuvent donc valablement faire protéger leurs inventions au Japon. Il faut noter que les détails d'exécution des lois au Japon sur les brevets d'invention ne sont pas encore bien fixés.

**Inventions brevetables.** — Toutes espèces d'inventions nouvelles.

**Inventions non brevetables.** — Les produits alimentaires et médecinaux.

**Pièces à fournir.** — 1. Un mémoire descriptif. — 2. Dessins qui auront de préférence le format États-Unis. Un dessin sur toile à l'usage de l'Agent de Brevets comportera des lettres ou chiffres de référence, un autre n'en comportera pas et recevra des caractères japonais. Les dessins sur papier japonais seront de préférence exécutés au Japon. — 3. Une procuration en anglais légalisée par le consul japonais.

**Durée. — Taxes.** — Les brevets sont accordés pour une durée de cinq, dix ou quinze ans, comptés à partir de l'enregistrement de la patente.

Il n'y a pas de taxes annuelles, mais une taxe à la fin de la cinquième et de la dixième année.

**Nouveauté.** — L'invention ne doit pas avoir été publiée ou en usage public au Japon depuis plus de deux ans et, dans ce dernier cas, l'objet du brevet ne doit avoir existé qu'à titre d'exemple ou d'échantillon.

Quant à l'effet des brevets étrangers, l'opinion du Chef du Bureau des brevets est qu'une invention brevetée à l'Étranger et publiée au Japon (par exemple par l'*Official Gazette* des États-Unis qui y est couramment reçue) n'est plus brevetable en ce pays.

**Examen.** — Il porte sur la régularité des pièces, la nouveauté et l'utilité de l'invention. Les objections sont soumises au demandant qui y répond.

**Exploitation.** — Elle doit avoir lieu dans les trois ans de la date du brevet et ensuite ne pas être suspendue pendant plus de trois ans.

L'introduction de l'Étranger d'objets brevetés au Japon est une cause de déchéance du brevet japonais.

**Cessions.** — Les pièces doivent être en double expédition et légalisées par le consul du Japon. Le titre officiel du brevet doit être envoyé. La cession pour être valable doit être enregistrée au Japon.

# CONVENTION INTERNATIONALE DE 1883

Les pays ayant adhéré à la Convention sont actuellement les suivants :

*Belgique. — Brésil. — Danemark avec les Iles Féroé. — République Dominicaine. — Espagne avec Cuba, Porto-Rico et les Philippines. — États-Unis d'Amérique du Nord. — France avec ses Colonies et l'Algérie. — Grande-Bretagne avec la Nouvelle-Zélande et le Queensland. — Italie. — Norwège. — Pays-Bas avec les Indes Néerlandaises, Surinam et Curaçao. — Portugal avec les Açores et Madère. — Serbie. — Suède. — Suisse. — Tunisie. — L'Autriche-Hongrie a notifié son adhésion en 1897, sous réserve de l'approbation parlementaire.*

Art. 4. — Celui qui aura fait régulièrement le dépôt d'une demande de brevet d'invention dans l'un des États contractants jouira, pour effectuer le dépôt dans les autres États, d'un droit de priorité pendant les délais déterminés ci-après.

En conséquence, le dépôt ultérieurement opéré dans l'un des autres États de l'Union avant l'expiration de ces délais ne pourra être invalidé par des faits accomplis dans l'intervalle, soit notamment par la publication de l'invention ou son exploitation par un tiers.

Les délais de priorité mentionnés ci-dessus seront de six mois pour les brevets d'invention. Cette durée sera augmentée d'un mois pour les pays d'outre-mer.

Art. 5. — L'introduction par le breveté dans le pays où le brevet a été délivré d'objets fabriqués dans l'un ou l'autre des États de l'Union n'entraînera pas la déchéance.

Toutefois, le breveté restera soumis à l'obligation d'exploiter son invention conformément aux lois du pays où il introduit les objets brevetés.

Art. 11. — Les hautes parties contractantes s'engagent à accorder une protection temporaire aux inventions brevetables pour les produits qui figureront aux Expositions internationales officielles ou officiellement reconnues.

# LISTE

# DES PAYS QUI ACCORDENT LA PROTECTION INDUSTRIELLE

Afrique anglaise du Sud.
Argentine (République).
Australie du Sud.
Autriche.
Bechuanaland anglais.
Belgique.
Bolivie.
Bornéo anglais.
Brésil.
Canada.
Cap de Bonne-Espérance.
Ceylan.
Chili.
Chine.
Colombie.
Congo.
Corée.
Costa-Rica.
Côte d'Or.
Danemark.
Égypte.
Équateur (République).
Espagne.
Établissements des Détr.
Finlande.
France.
Gambie anglaise.
Gibraltar.
Grèce.
Grenade (Indes Occid.).
Guatémala.
Guyane anglaise.
Haïti
Honduras (République).
Honduras anglais.
Hong-Kong.
Hongrie.
Inde.
Indes occident. danoises.
Islande.
Italie.
Iles angl. de la Manche.
Iles Bahama.
Iles Barbades.
Iles Bermudes.
Iles Falkland.
Iles Fiji.
Ile Maurice.
Ile Sainte-Hélène.
Iles Sandwich.
Jamaïque.
Japon.
Lagos.
Liberia.
Luxembourg.
Madagascar.
Malte.
Mexique.
Mysore.
Natal.
Norwège.
Nicaragua.
Nouvelles Galles du Sud.
Nouvelle-Zélande.
Orange.
Paraguay.
Pays-Bas.
Pérou.
Portugal et ses colonies.
Possessions allemandes.
Queensland.
Roumanie.
Russie.
Saint-Domingue.
Samoa.
San-Salvador.
Serbie.
Sierra-Leone.
Ste-Lucie (Indes Occid.).
Saint-Vincent (id.).
Suède.
Suisse.
Swaziland.
Tasmanie.
Terre-Neuve.
Transvaal
Trinité.
Tunisie.
Turquie.
Uruguay.
Venezuela.
Victoria.
Western Australia.
Zanzibar.
Zoulouland.



La Chapelle-Montligeon. — Imp. de N.-D. de Montligeon.

# BREVETS D'INVENTION

## LITZELMANN ET TAILFER

*Bureaux : 28, rue Saint-Georges, PARIS*

## TARIF DES FRAIS

**Pour la demande des Brevets dans les principaux Pays.**

| | |
|---|---|
| FRANCE, brevet de 15 ans | 150 à 175 |
| Certificat d'addition | 60 à 90 |
| BELGIQUE | 60 à 100 |
| ANGLETERRE, Protection. Provisoire | 150 à 200 |
| Patente définitive | 250 à 300 |
| ALLEMAGNE, brevet de 15 ans | 250 à 300 |
| Brevet d'objet d'utilité de 3 ans. | 150 à 200 |
| AUTRICHE | 250 à 300 |
| HONGRIE | 260 à 320 |
| RUSSIE | 450 à 600 |
| SUISSE | 160 à 200 |
| ITALIE, brevet de 15 ans (Demande pr 1 an prol.) | 150 à 200 |
| » » 3 » | 200 à 250 |
| » » 6 » | 260 à 300 |
| ESPAGNE | 250 à 300 |
| PORTUGAL | 500 à 600 |
| ÉTATS-UNIS | 600 à 700 |

*Ces prix comprennent les frais de dessins, rédaction de mémoires, traductions, légalisations, taxes de dépôt et délivrance. Ce sont des prix moyens susceptibles de modifications suivant l'importance du travail demandé et qui comportent des réductions quand les pièces sont envoyées prêtes à être déposées.*

www.ingramcontent.com/pod-product-compliance
Ingram Content Group UK Ltd.
Pitfield, Milton Keynes, MK11 3LW, UK
UKHW032019260826
14628UKWH00006B/2580

9 782019 648671